DEDICACIÓN

A Kat Woman (Kataoka-Sensei), Gibson-san y Clayton-san. Gracias a esas fantásticas noches de martes en Oita. Que nuestro entusiasmo al prepararnos para nuestro JLPT se sienta por todos quienes usen este texto.

JLPT N5 VOCAB

JLPT N5 VOCAB

Practica Kanji Japonés : 102 Kanji (JLPT N5)
Libro de trabajo complete con los 102 JLPT N5 Kanji
Disponible en librerias y Amazon
ISBN: 978-1-913720-01-8

- Páginas enfocadas en Kanji
- Lectura japonesa y china
- 400+ palabras compuestas en Kanji (jukujo)
- Kanji en orden del más al menos común
- Desarrollo progresivo de palabras en Kanji
- Ejercicios de práctica y consolidación

Cambridge Learning House
71-75 Shelton Street,
Covent Garden,
London,
England, WC2H 9JQ

Email: enquiries@cambridgepress.co.uk
Website: www.cambridgepress.co.uk

The kanji and vocabulary included are the expected requirements of the JLPT N5. Neither the author nor publisher can guarantee that all vocabulary included in this text will appear in the JLPT assessment. Neither can the author or publisher assure that additional vocabulary and kanji absent from this edition will or will not be featured in JLPT assessment. All vocabulary and kanji included have been selected following analysis of typical patterns of vocabulary usage in previous JLPT assessment papers. The content is not endorsed by the JLPT administration.

Cómo usar este libro

Kanji	Furigana	Romaji	Español	✓
動物	どうぶつ	doubutsu	animal	
鳥	とり	tori	ave	

Solo hemos escrito el **Kanji** que se espera que sepas a este nivel.

La columna **Furigana** muestra el vocabulario escrito en japonés usando hiragana o katakana.

La columna **Romaji** proporciona la pronunciación de la palabra.

La columna **Español** da el significado de la palabra en español.

Usa la lista de verificación cuando estés segura de que has aprendido la palabra

Autoprueba con los 89 ejercicios de práctica

1. **Aprende** – mira al vocabulario en la página en la izquierda
2. **Cubre** – Cubre el vocabulario en la página izquierda
3. **Escribe** – Escribe tus respuestas en la hoja de ejercicios
4. **Verifica** – Ve si lo has hecho bien. Intenta de nuevo si lo necesitas

JLPT N5 VOCAB

Contents

JLPT N5 VOCAB

SECCIÓN 1

N5 VOCABULARIO

de la A- Z

Animales

Kanji	Furigana	Romaji	Español	✓
動物	どうぶつ	doubutsu	animal	
鳥	とり	tori	ave	
猫		neko	gato	
犬		inu	perro	

Ejercicio 1 - Animales

Kanji	Furigana	Romaji	Español	✓
動物			animal	
鳥			ave	
			gato	
			perro	

El cuerpo

Kanji	Furigana	Romaji	Español	✓
足	あし	ashi	pie, pierna	
頭	あたま	atama	cabeza	
顔	かお	kao	cara	
体	からだ	karada	cuerpo	
口	くち	kuchi	boca	
声	こえ	koe	voz	
耳	みみ	mimi	oído	
目	め	me	ojo	
	おなか	onaka	estómago	
	て	te	mano	
	は	ha	diente	
	はな	hana	nariz	

Ejercicio 2 – El cuerpo

Kanji	Furigana	Romaji	Español	✓
足			pie, pierna	
頭			cabeza	
顔			cara	
体			cuerpo	
口			boca	
声			voz	
耳			oído	
目			ojo	
			estómago	
			mano	
			diente	
			nariz	

JLPT N5 VOCAB

La limpieza

Kanji	Furigana	Romaji	Español	✓
石鹸	せっけん	sekken	el jabón	
	あびる	abiru	tomar una ducha	
	あらう	arau	lavar	
	きれい	kirei	hermoso, limpio	
	そうじ	souji	limpiar	
	はれる	hareru	recojer	
	みがく	migaku	pulir, cepillar	

Ejercicio 3 – La limpieza

Kanji	Furigana	Romaji	Español	✓
石鹸			el jabón	
			tomar una ducha	
			lavar	
			hermoso, limpio	
			limpiar	
			recojer	
			pulir, cepillar	

JLPT N5 VOCAB

La ropa

Kanji	Furigana	Romaji	Español	✓
上着	うわぎ	uwagi	abrigo, chaqueta	
	かける	kakeru	llevar	
	かぶる	kaburu	ponerse un sombrero	
	きる	kiru	llevar, ponerse	
	くつ	kutsu	zapatos	
	くつした	kutsushita	calcetínes	
	コート	kooto	abrigo	
	シャツ	shatsu	camisa	
	スカート	sukaato	falda	
	ズボン	zubon	pantalones	
	スリッパ	surippa	pantunflas (zapatillas)	

Ejercicio 4 – La ropa

Kanji	Furigana	Romaji	Español	✓
上着			abrigo, chaqueta	
			llevar	
			ponerse un sombrero	
			llevar, ponerse	
			zapatos	
			calcetínes	
			abrigo	
			camisa	
			falda	
			pantalones	
			pantunflas (zapatillas)	

La ropa (2)

Kanji	Furigana	Romaji	Español	✓
	セーター	seetaa	sudadera	
	せびろ	sebiro	chaqueta, el traje	
	せんたく	sentaku	lavar, la lavandería	
	ぬぐ	nugu	quitarse	
	ネクタイ	nekutai	corbata	
	はく	haku	ponerse los zapatos	
	ふく	fuku	la ropa	
	ぼうし	boushi	sombrero	
	ポケット	poketto	bolsillo	
	ボタン	botan	botón	
	ようふく	youfuku	ropa de occidente	

Ejercicio 5 – La ropa (2)

Kanji	Furigana	Romaji	Español	✓
			sudadera	
			chaqueta, el traje	
			lavar, la lavandería	
			quitarse	
			corbata	
			ponerse los zapatos	
			la ropa	
			sombrero	
			bolsillo	
			botón	
			ropa de occidente	

JLPT N5 VOCAB

Los colores

Kanji	Furigana	Romaji	Español	✓
青い	あおい	aoi	azul	
赤い	あかい	akai	rojo	
	いろ	iro	color	
	くろい	kuroi	negro	
	しろい	shiroi	blanco	
	ちゃいろ	chairo	marrón	
	きいろい	kiiroi	amarillo	
	みどり	midori	verde	

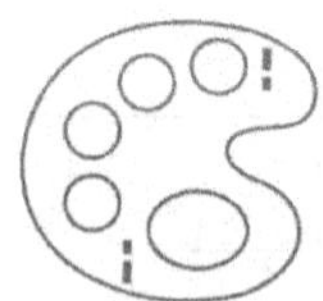

Ejercicio 6 – Los colores

Kanji	Furigana	Romaji	Español	✓
青い			azul	
赤い			rojo	
			color	
			negro	
			blanco	
			marrón	
			amarillo	
			verde	

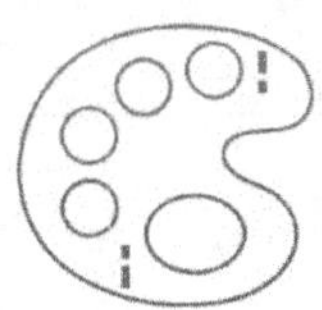

JLPT N5 VOCAB

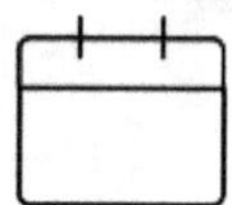

Días de la semana

Kanji	Furigana	Romaji	Español	✓
月曜日	げつようび	getsuyoubi	lunes	
火曜日	かようび	kayoubi	martes	
水曜日	すいようび	suiyoubi	miércoles	
木曜日	もくようび	mokuyoubi	jueves	
金曜日	きんようび	kinyoubi	viernes	
土曜日	どようび	doyoubi	sábado	
日曜日	にちようび	nichiyoubi	domingo	

Además:

Furigana	Romaji	Español	✓
いちにち	ichinichi	un día	
きょう	kyou	hoy	
まいにち	mainichi	todos los días	

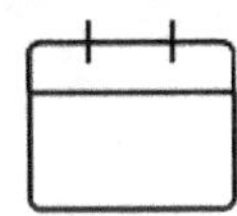

Ejercicio 7 – Días de la semana

Kanji	Furigana	Romaji	Español	✓
月曜日			lunes	
火曜日			martes	
水曜日			miércoles	
木曜日			jueves	
金曜日			viernes	
土曜日			sábado	
日曜日			domingo	

Además:

Furigana	Romaji	Español	✓
		un día	
		hoy	
		todos los días	

Direcciones

Kanji	Furigana	Romaji	Español	✓
	まっすぐに	massugu ni	siga en línea recta	
	きた	kita	norte	
	にし	nishi	oeste	
左	ひだり	hidari	izquierda	
右	みぎ	migi	derecha	
	みなみ	minami	sur	
東	ひがし	higashi	este	

Ejercicio 8 - Direcciones

Kanji	Furigana	Romaji	Español	✓
			siga en línea recta	
			norte	
			oeste	
左			izquierda	
右			derecha	
			sur	
東			este	

Bebidas

Kanji	Furigana	Romaji	Español	✓
お茶	おちゃ	ocha	té	
牛乳	ぎゅうにゅう	gyuunyuu	leche	
飲物	のみもの	nomimono	bebidas	
	おさけ	osake	alcohol, sake	
	きっさてん	kissaten	cafetería	
	のむ	nomu	beber	
	おみず	omizu	agua	

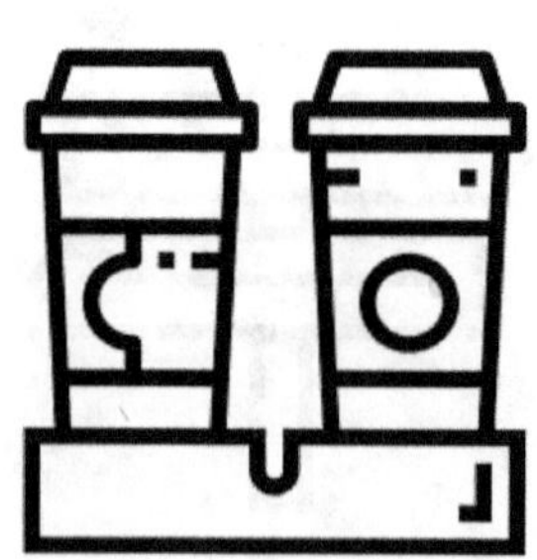

Ejercicio 9 - Bebidas

Kanji	Furigana	Romaji	Español	✓
お茶			té	
牛乳			leche	
飲物			bebidas	
			alcohol, sake	
			cafetería	
			beber	
			agua	

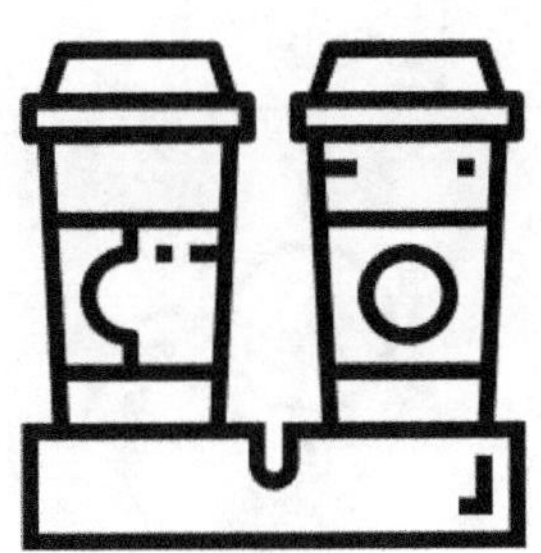

Durante el día

Kanji	Furigana	Romaji	English	✓
朝	あさ	asa	la mañana	
今朝	けさ	kesa	esta mañana	
	ごご	gogo	la tarde	
午前	ごぜん	gozen	a.m.	
昼	ひる	hiru	noon	
	こんばん	konban	esta tarde / noche	
	ばん	ban	tarde / noche	
	まいあさ	maiasa	cada mañana	
	まいばん	maiban	cada tarde/noche	

Ejercicio 10 – Durante el día

Kanji	Furigana	Romaji	Español	✓
朝			la mañana	
今朝			esta mañana	
			la tarde	
午前			a.m.	
昼			noon	
			esta tarde / noche	
			tarde / noche	
			cada mañana	
			cada tarde/noche	

JLPT N5 VOCAB

La familia

Kanji	Furigana	Romaji	Español	✓
	あに	ani	hermano mayor	
	あね	ane	hermana mayor	
	いもうと	imouto	la hermana menor de ...	
	おとうと	otouto	el hermano menor de ...	
	かぞく	kazoku	la familia	
	かない	kanai	mi esposa	
	きょうだい	kyoudai	hermanos y hermanas	
	けっこん	kekkon	matrimonio	
	ごしゅじん	goshujin	el esposo de...	
父	ちち	chichi	mi padre	
	ともだち	tomodachi	amigo	

Ejercicio 11 – La familia

Kanji	Furigana	Romaji	Español	✓
			hermano mayor	
			hermana mayor	
			la hermana menor de ...	
			el hermano menor de ...	
			la familia	
			mi esposa	
			hermanos y hermanas	
			matrimonio	
			el esposo de...	
父			mi padre	
			amigo	

JLPT N5 VOCAB

La familia (2)

Kanji	Furigana	Romaji	English	✓
母	はは	haha	mi madre	
	おかあさん	okaasan	la madre de	
	おくさん	okusan	la esposa de	
	おじさん	ojisan	tío	
	おじいさん	ojiisan	abuelo	
	おとうさん	otousan	padre	
	おにいさん	oniisan	el hermano mayor de	
	おねえさん	oneesan	la hermana mayor de	
	おばさん	obasan	tía	
	おばあさん	obaasan	abuela	
	りょうしん	ryoushin	padres	

Ejercicio 12 – La familia (2)

Kanji	Furigana	Romaji	Español	✓
母			mi madre	
			la madre de	
			la esposa de	
			tío	
			abuelo	
			padre	
			el hermano mayor de	
			la hermana mayor de	
			tía	
			abuela	
			padres	

Sentimientos

Kanji	Furigana	Romaji	Español	✓
	いい / よい	ii, yoi	bueno, bien	
	かぜ	kaze	un resfriado	
	さむい	samui	frío	
	すずしい	suzushii	fresco	
	たのしい	tanoshii	agradable	
	つまらない	tsumaranai	aburrido	
	びょうき	byouki	enfermo	

Ejercicio 13 - Sentimientos

Kanji	Furigana	Romaji	Español	✓
			bueno, bien	
			un resfriado	
			frío	
			fresco	
			agradable	
			aburrido	
			enfermo	

JLPT N5 VOCAB

Sentimientos (2)

Kanji	Furigana	Romaji	Español	✓
	いや	iya	repulsivo	
	きらい	kirai	desagradable	
	けっこう	kekkou	bien, bueno	
	げんき	genki	salud, vigor	
	だいじょうぶ	daijoubu	bien	
	だいすき	daisuki	disfrutar mucho __	
	わるい	warui	malo, mal	
	かわいい	kawaii	lindo, bonito	

Ejercicio 13 – Sentimientos (2)

Kanji	Furigana	Romaji	Español	✓
			repulsivo	
			desagradable	
			bien, bueno	
			salud, vigor	
			bien	
			disfrutar mucho __	
			malo, mal	
			lindo, bonito	

La comida

Kanji	Furigana	Romaji	Español	✓
	あまい	amai	dulce	
	あさごはん	asagohan	desayuno	
	おいしい	oishii	delicioso	
	おかし	okashi	pastel, confitería	
	おべんとう	obentou	lonchera (lunch box)	
	からい	karai	picante	
	ぎゅうにく	gyuuniku	carne de res	
	さかな	sakana	pescado	
	さとう	satou	azúcar	
	たべもの	tabemono	comida	

JLPT N5 VOCAB

Ejercicio - 14 – La comida

Kanji	Furigana	Romaji	Español	✓
			dulce	
			desayuno	
			delicioso	
			pastel, confitería	
			lonchera (lunch box)	
			picante	
			carne de res	
			pescado	
			azúcar	
			comida	

La comida (2)

Kanji	Furigana	Romaji	Español	✓
	ちゃわん	chawan	cuenco de arroz	
	とりにく	toriniku	carne de pollo	
	おにく	oniku	carne	
	まずい	mazui	de mal sabor	
	やさい	yasai	verdura, legumbre	
	くだもの	kudamono	fruta	
	ごはん	gohan	arroz / comida	
	しお	shio	sal	
	しょうゆ	shouyu	salsa de soja	
	スプーン	supuun	cuchara	
食べる	たべる	taberu	comer	

Ejercicio 15 - La comida (2)

Kanji	Furigana	Romaji	Español	✓
			cuenco de arroz	
			carne de pollo	
			carne	
			de mal sabor	
			verdura, legumbre	
			fruta	
			arroz / comida	
			sal	
			salsa de soja	
			cuchara	
食べる			comer	

JLPT N5 VOCAB

La comida (3)

Kanji	Furigana	Romaji	Español	✓
	たまご	tamago	huevo	
	はし	hashi	palillos japoneses	
	バター	bataa	mantequilla	
	パン	pan	pan	
	ばんごはん	bangohan	cena	
	ひるごはん	hirugohan	almuerzo	
	フォーク	fooku	tenedor	
	ぶたにく	butaniku	cerdo	
	りょうり	ryouri	la cocina	
	レストラン	resutoran	restaurante	

JLPT N5 VOCAB

Ejercicio 16 – La comida (3)

Kanji	Furigana	Romaji	Español	✓
			huevo	
			palillos japoneses	
			mantequilla	
			pan	
			cena	
			almuerzo	
			tenedor	
			cerdo	
			la cocina	
			restaurante	

Frecuencia

Kanji	Furigana	Romaji	Español	✓
	よく	yoku	a menudo	
	〜ずつ	~zutsu	cada	
	ぜんぶ	zenbu	todo	
	たくさん	takusan	mucho(s)	
	〜ど	~do	~ veces	
	とても	totemo	bastante	
	また	mata	también, otra vez	
	もっと	motto	más	
	いつも	itsumo	siempre	
	ときどき	tokidoki	a veces	

JLPT N5 VOCAB

Ejercicio 17 - Frecuencia

Kanji	Furigana	Romaji	Español	✓
			a menudo	
			cada	
			todo	
			mucho(s)	
			~ veces	
			bastante	
			también, otra vez	
			más	
			siempre	
			a veces	

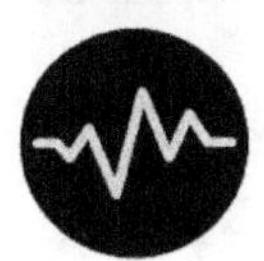

JLPT N5 VOCAB

El hogar

Kanji	Furigana	Romaji	Español	✓
家	いえ	ie	casa, hogar	
	え	e	pintura, retrato	
	おてあらい	otearai	el baño	
	げんかん	genkan	entrada de la casa	
	しゃしん	shashin	foto	
	だいどころ	daidokoro	la cocina	
電気	でんき	denki	electricidad	
	はいざら	haizara	cenicero	
	へや	heya	habitación	
	もん	mon	verja	

JLPT N5 VOCAB

Ejercicio 18 – El hogar

Kanji	Furigana	Romaji	Español	✓
家			casa, hogar	
			pintura, retrato	
			el baño	
			entrada de la casa	
			foto	
			la cocina	
電気			electricidad	
			cenicero	
			habitación	
			verja	

JLPT N5 VOCAB

El hogar (2)

Kanji	Furigana	Romaji	Español	✓
	アパート	apaato	apartmento	
	いす	isu	silla	
	うち	uchi	hogar	
	かいだん	kaidan	escaleras	
	かえる	kaeru	volver a casa	
	かぎ	kagi	la llave	
	かびん	kabin	florero	
	テーブル	teeburu	mesa	
	つくえ	tsukue	escritorio	
	テレビ	terebi	la televisión	

JLPT N5 VOCAB

Ejercicio 19 - El hogar (2)

Kanji	Furigana	Romaji	Español	✓
			apartmento	
			silla	
			hogar	
			escaleras	
			volver a casa	
			la llave	
			florero	
			mesa	
			escritorio	
			la televisión	

El hogar (3)

Kanji	Furigana	Romaji	Español	✓
	と	to	puerta	
	ドア	doa	puerta	
	トイレ	toire	el aseo	
	にわ	niwa	jardín	
	おふろ	ofuro	bañera	
	ベッド	beddo	cama	
	ほんだな	hondana	estantería	
	まど	mado	ventana	
	レコード	rekoodo	disco	

Ejercicio 20 – El hogar (3)

Kanji	Furigana	Romaji	Español	✓
			puerta	
			puerta	
			el aseo	
			jardín	
			bañera	
			cama	
			estantería	
			ventana	
			disco	

La infraestructura

Kanji	Furigana	Romaji	Español	✓
	たてもの	tatemono	el edificio	
	はし	hashi	el puente	
	みち	michi	camino / carretera	
	エレベータ	erebeeta	elevador	
	こうばん	kouban	comisaría	

Ejercicio 21 - Infraestructura

Kanji	Furigana	Romaji	Español	✓
			el edificio	
			el puente	
			camino / carretera	
			elevador	
			comisaría	

JLPT N5 VOCAB

La cocina

Kanji	Furigana	Romaji	Español	✓
食堂	しょくどう	shokudou	el comedor	
	おさら	osara	plato	
	コップ	koppu	vaso, taza	
	ストーブ	sutoobu	stove, heater	
	ナイフ	naifu	cuchillo	
	マッチ	machi	fósforos	
	れいぞうこ	reizouko	refrigerador	

Ejercicio 22 – La cocina

Kanji	Furigana	Romaji	Español	✓
食堂			el comedor	
			plato	
			vaso, taza	
			stove, heater	
			cuchillo	
			fósforos	
			refrigerador	

Lenguaje

Kanji	Furigana	Romaji	Español	✓
	えいご	eigo	idioma inglés	
	かんじ	kanji	caracteres kanji	
	ことば	kotoba	frase, lenguaje	
	じしょ	jisho	diccionario	
	しつもん	shitsumon	pregunta	
	じびき	jibiki	diccionario	
手紙	てがみ	tegami	letra	
何	なに	nani	¿qué?	
名前	なまえ	namae	nombre	
	もんだい	mondai	problema, pregunta	

Ejercicio 23 - Lenguaje

Kanji	Furigana	Romaji	Español	✓
			idioma inglés	
			caracteres kanji	
			frase, lenguaje	
			diccionario	
			pregunta	
			diccionario	
手紙			letra	
何			¿qué?	
名前			nombre	
			problema, pregunta	

Lenguaje (2)

Kanji	Furigana	Romaji	Español	✓
	ああ	ah	Ah!	
	あの	ano	bien, entonces	
	あまり	amari	no tan	
	ある	aru	ser, existir	
	いいえ	iie	no	
	いろいろ	iroiro	varios	
	ええ	ee	Sí, eso veo	
	お	o	prefijo honorífico	
	おなじ	onaji	el mismo	
	かたかな	katakana	Katakana	
	ください	kudasai	dame...	

Ejercicio 24 – Lenguaje (2)

Kanji	Furigana	Romaji	Español	✓
			Ah!	
			bien, entonces	
			no tan	
			ser, existir	
			no	
			varios	
			Sí, eso veo	
			prefijo honorífico	
			el mismo	
			Katakana	
			dame…	

JLPT N5 VOCAB

Lenguaje (3)

Kanji	Furigana	Romaji	Español	✓
	～ご	~go	~ lenguaje	
	しかし	shikashi	sin embargo, pero	
	じゃ	ja	bien, entonces	
	そう	sou	así que	
	そうして	soushite	y entonces	
	それでは	soredewa	entonces, bien	
	では	dewa	entonces, bien	
	でも	demo	pero	
	どう	dou	¿cómo?	
	どうして	doushite	¿por qué?	

JLPT N5 VOCAB

Ejercicio 25 - Lenguaje (3)

Kanji	Furigana	Romaji	Español	✓
			~ lenguaje	
			sin embargo, pero	
			bien, entonces	
			así que	
			y entonces	
			entonces, bien	
			entonces, bien	
			pero	
			¿cómo?	
			¿por qué?	

JLPT N5 VOCAB

Lenguaje (4)

Kanji	Furigana	Romaji	Español	✓
	どちら	dochira	cual, donde	
	どの	dono	¿cuál?	
	どれ	dore	¿cuál?	
	どんな	donna	¿qué tipo de?	
	はなし	hanashi	historia	
	はなす	hanasu	conversar, hablar	
	ひらがな	hiragana	hiragana	
	ほんとうに	hontou ni	realmente	
	もしもし	moshimoshi	¿hola? (al teléfono)	
	もちろん	mochiron	por supuesto	

JLPT N5 VOCAB

Ejercicio 26 – Lenguaje (4)

Kanji	Furigana	Romaji	Español	✓
			cual, donde	
			¿cuál?	
			¿cuál?	
			¿qué tipo de?	
			historia	
			conversar, hablar	
			hiragana	
			realmente	
			¿hola? (al teléfono)	
			por supuesto	

Medidas

Kanji	Furigana	Romaji	Español	✓
	キロ	kiro	kg	
	キロ	kiro	km	
	グラム	guramu	gramo	
	せい	sei	altura	
	メートル	meetoru	metro	
	あつい	atsui	grueso	
大きい	おおきい	ookii	grande	
小さい	ちいさい	chiisai	pequeño	
	みじかい	mijikai	corto	
	すこし	sukoshi	a little	
	ちょっと	chotto	un poco	

Ejercicio 27 - Medidas

Kanji	Furigana	Romaji	Español	✓
			kg	
			km	
			gramo	
			altura	
			metro	
			grueso	
大きい			grande	
小さい			pequeño	
			corto	
			a little	
			un poco	

JLPT N5 VOCAB

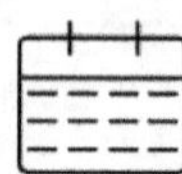

Los meses

Kan	Furigana	Romaji	Español	✓
	いちがつ	ichigatsu	enero	
	にがつ	nigatsu	febrero	
	さんがつ	sangatsu	marzo	
	しがつ	shigatsu	abril	
	ごがつ	gogatsu	mayo	
	ろくがつ	rokugatsu	junio	
	しちがつ	shichigatsu	julio	
	はちがつ	hachigatsu	agosto	
	くがつ	kugatsu	septiembre	
	じゅうがつ	juugatsu	octubre	
	じゅういちがつ	juuichigatsu	noviembre	
	じゅうにがつ	juunigatsu	diciembre	

Ejercicio 28 – Los meses

Kan	Furigana	Romaji	Español	✓
			enero	
			febrero	
			marzo	
			abril	
			mayo	
			junio	
			julio	
			agosto	
			septiembre	
			octubre	
			noviembre	
			diciembre	

JLPT N5 VOCAB

Los días en el mes

Kanji	Furigana	Romaji	Español	✓
	ついたち	tsuitachi	el primer día del mes	
	ふつか	futsuka	el segundo día del mes, 2 días	
	みっか	mikka	el tercer día del mes, 3 días	
	よっか	yokka	el cuarto día del mes, 4 días	
	いつか	itsuka	el quinto día del mes, 5 días	
	むいか	muika	el sexto día del mes, 6 días	
	なのか	nanoka	el séptimo día del mes, 7 días	
	ようか	youka	el octavo día del mes, 8 días	
	ここのか	kokonoka	el noveno día del mes, 9 días	
	とおか	tooka	el decimo día del mes, 10 días	

Ejercicio 29 – Los días en el mes

Kanji	Furigana	Romaji	Español	✓
			el primer día del mes	
			el segundo día del mes, 2 días	
			el tercer día del mes, 3 días	
			el cuarto día del mes, 4 días	
			el quinto día del mes, 5 días	
			el sexto día del mes, 6 días	
			el séptimo día del mes, 7 días	
			el octavo día del mes, 8 días	
			el noveno día del mes, 9 días	
			el decimo día del mes, 10 días	

JLPT N5 VOCAB

Hablando de los meses

Kanji	Furigana	Romaji	Español	✓
	ひとつき	hitotsuki	un mes	
	まいつき/まいげつ	maitsuki/maigetsu	cada mes	
	らいげつ	raigetsu	el mes próximo	
	〜かげつ	~kagetsu	~ número de meses	
	カレンダー	karendaa	calendario	
	こんげつ	kongetsu	este mes	
	せんげつ	sengetsu	el mes pasado	

Ejercicio 30 - Hablando de los meses

Kanji	Furigana	Romaji	Español	✓
			un mes	
			cada mes	
			el mes próximo	
			~ número de meses	
			calendario	
			este mes	
			el mes pasado	

JLPT N5 VOCAB

La naturaleza

Kanji	Furigana	Romaji	Español	✓
	いけ	ike	estanque	
	うみ	umi	mar	
川	かわ	kawa	río	
空	そら	sora	cielo	
木	き	ki	árbol	
花	はな	hana	flor	
	やま	yama	montaña	
	さく	saku	florecer	

Ejercicio 31 – La naturaleza

Kanji	Furigana	Romaji	Español	✓
			estanque	
			mar	
川			río	
空			cielo	
木			árbol	
花			flor	
			montaña	
			florecer	

JLPT N5 VOCAB

Los números

Kanji	Furigana	Romaji	Español	✓
	ゼロ	zero	cero	
一	いち	ichi	uno	
二	に	ni	dos	
三	さん	san	tres	
四	し	shi	cuatro	
五	ご	go	cinco	
六	ろく	roku	seis	
七	ななつ	nanatsu	siete	
八	はち	hachi	ocho	
九	きゅう	kyuu	nueve	
九	く	ku	nueve	
十	じゅう	juu	diez	

JLPT N5 VOCAB

Ejercicio 32 – Los números

Kanji	Furigana	Romaji	Español	✓
			cero	
一			uno	
二			dos	
三			tres	
四			cuatro	
五			cinco	
六			seis	
七			siete	
八			ocho	
九			nueve	
九			nueve	
十			diez	

Los números (2)

Kanji	Furigana	Romaji	Español	✓
	せん	sen	1,000, mil	
	ばんごう	bangou	número	
百	ひゃく	hyaku	cien	
万	まん	man	diez mil	
	いくつ	ikutsu	cuántos, qué edad	
	いくら	ikura	cuánto	
	いちばん	ichiban	el mejor, el primero	

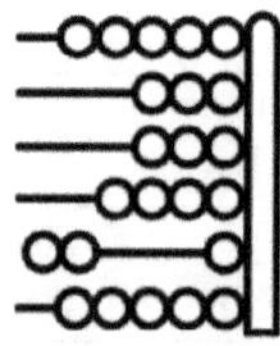

Ejercicio 33 – Los números (2)

Kanji	Furigana	Romaji	Español	✓
			1,000, mil	
			número	
百			cien	
万			diez mil	
			cuántos, qué edad	
			cuánto	
			el mejor, el primero	

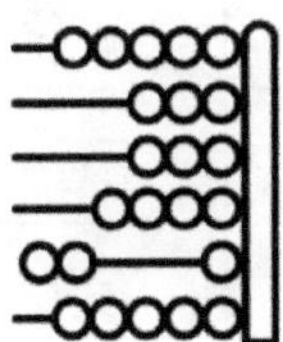

JLPT N5 VOCAB

Contando

Kanji	Furigana	Romaji	Español	✓
	れい	rei	cero	
	ひとつ	hitotsu	uno	
	ふたつ	futatsu	dos	
	みっつ	mittsu	tres	
	よっつ	yottsu	cuatro	
	いつつ	itsutsu	cinco	
	むっつ	muttsu	seis	
			siete	
	やっつ	yattsu	ocho	
	ここのつ	kokonotsu	nueve	
	とう	tou	diez	

Ejercicio 34 - Contando

Kanji	Furigana	Romaji	Español	✓
			cero	
			uno	
			dos	
			tres	
			cuatro	
			cinco	
			seis	
			siete	
			ocho	
			nueve	
			diez	

JLPT N5 VOCAB

Contadores

Kanji	Furigana	Romaji	Español	✓
	～ひき	~hiki	contador para animales	
	～だい	~dai	contador para máquinas	
	～はい	~hai	tazas de ~	
	~ほん	~hon	contador para objetos largos	

Ejercicio 35 - Contadores

Kanji	Furigana	Romaji	Español	✓
			contador para animales	
			contador para máquinas	
			tazas de ~	
			contador para objetos largos	

JLPT N5 VOCAB

La oficina

Kanji	Furigana	Romaji	Español	✓
紙	かみ	kami	papel	
	きって	kitte	sello postal	
	しごと	shigoto	trabajo	
電話	でんわ	denwa	teléfono	
葉書	はがき	hagaki	tarjeta postal	
	かける	kakeru	llamar por teléfono	
	はたらく	hataraku	trabajar	
	ふうとう	fuutou	sobre postal	
	いそがしい	isogashii	estar ocupado	
	つとめる	tsutomeru	trabajar para alguien	

JLPT N5 VOCAB

Ejercicio 36 – La oficina

Kanji	Furigana	Romaji	Español	✓
紙			papel	
			sello postal	
			trabajo	
電話			teléfono	
葉書			tarjeta postal	
			llamar por teléfono	
			trabajar	
			sobre postal	
			estar ocupado	
			trabajar para alguien	

Personas

Kanji	Furigana	Romaji	Español	✓
女	おんな	onna	mujer	
	~にん	~nin	... personas	
	ひとり	hitori	una persona	
	ふたり	futari	dos personas	
	みなさん	minsan	todos	
	みんな	minna	todo, todos	
外国人	がいこくじん	gaikokujin	extranjero	

Ejercicio 37 - Personas

Kanji	Furigana	Romaji	Español	✓
女			mujer	
			... personas	
			una persona	
			dos personas	
			todos	
			todo, todos	
外国人			extranjero	

Personas (2)

Kanji	Furigana	Romaji	Español	✓
	うまれる	umareru	nacer	
	あなた	anata	tu	
男	おとこ	otoko	hombre	
男の子	おとこのこ	otokonoko	jóven	
大人	おとな	otona	adulto	
女の子	おんなのこ	onnanoko	chica	
学生	がくせい	gakusei	estudiante	
	こども	kodomo	niño	

Ejercicio 38 - Personas (2)

Kanji	Furigana	Romaji	Español	✓
			nacer	
			tu	
男			hombre	
男の子			jóven	
大人			adulto	
女の子			chica	
学生			estudiante	
			niño	

Personas (3)

Kanji	Furigana	Romaji	Español	✓
人	ひと	hito	persona	
	わたし	watashi	yo	
	おおぜい	oozei	muchas personas	
	かた	kata	persona (respetuoso)	
	～さん	~san	Sr., Sra.	
	じぶん	jibun	uno mismo	
	だれ	dare	¿quién?	
	なる	naru	convertirse	

Ejercicio 39 - Personas (3)

Kanji	Furigana	Romaji	Español	✓
人			persona	
			yo	
			muchas personas	
			persona (respetuoso)	
			Sr., Sra.	
			uno mismo	
			¿quién?	
			convertirse	

Lugares

Kanji	Furigana	Romaji	Español	✓
銀行	ぎんこう	ginkou	banco	
	こうえん	kouen	parquet, jardín grande	
	あそこ	asoko	ahí, por ahí	
駅	えき	eki	estación	
	かど	kado	esquina	
外	そと	soto	afuera	
	ところ	tokoro	lugar	
	としょかん	toshokan	biblioteca	

Ejercicio 40 - Lugares

Kanji	Furigana	Romaji	Español	✓
銀行			banco	
			parquet, jardín grande	
			ahí, por ahí	
駅			estación	
			esquina	
外			afuera	
			lugar	
			biblioteca	

Lugares (2)

Kanji	Furigana	Romaji	Español	✓
	まち	machi	ciudad, pueblo	
	みせ	mise	tienda	
	ここ	koko	aquí	
	どこ	doko	¿Dónde?	
	びょういん	byouin	hospital	
	ホテル	hoteru	hotel	
	～や	~ya	tienda	
	やおや	yaoya	verdulería	

Ejercicio 41 - Lugares (2)

Kanji	Furigana	Romaji	Español	✓
			ciudad, pueblo	
			tienda	
			aquí	
			¿Dónde?	
			hospital	
			hotel	
			tienda	
			verdulería	

Posición

Kanji	Furigana	Romaji	Español	✓
	うえ	ue	arriba, sobre	
	した	shita	abajo	
近い	ちかい	chikai	cerca	
	とおい	tooi	lejos	
中	なか	naka	adentro	
前	まえ	mae	frente a	
	よる	yoru	noche	
	あちら	achira	ahí (respetuoso)	

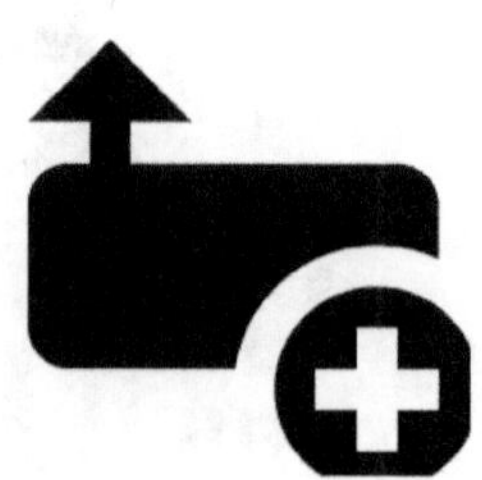

Ejercicio 42 - Posición

Kanji	Furigana	Romaji	Español	✓
			arriba, sobre	
			abajo	
近い			cerca	
			lejos	
中			adentro	
前			frente a	
			noche	
			ahí (respetuoso)	

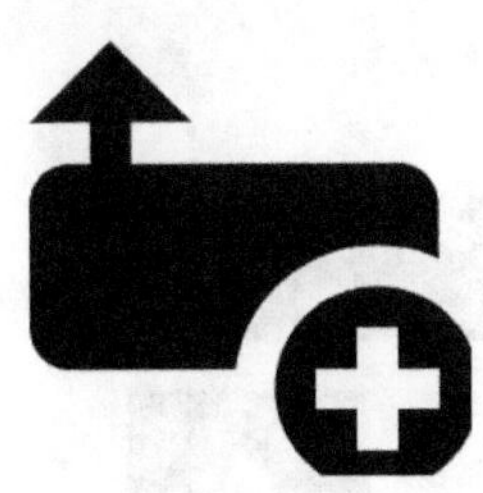

Posición (2)

Kanji	Furigana	Romaji	Español	✓
	あの	ano	eso, esa	
	あれ	are	ese	
	うしろ	ushiro	atrás	
	こちら	kochira	este lado, este lugar	
	この	kono	este, esta...	
	そこ	soko	ahí	
	そちら	sochira	ahí (respetuoso)	
	その	sono	ese, esa...	

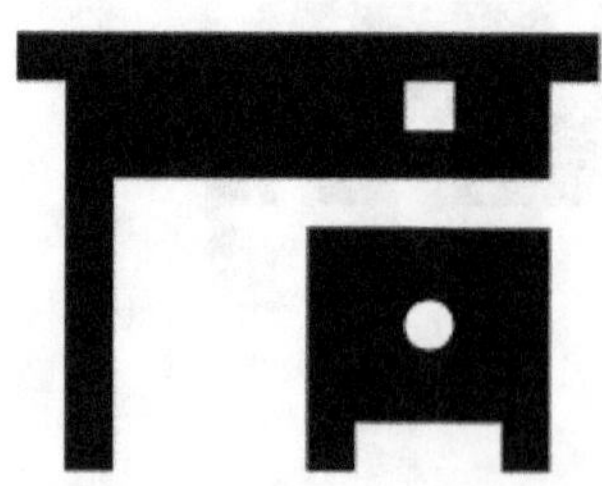

Ejercicio 43 - Posición (2)

Kanji	Furigana	Romaji	Español	✓
			eso, esa	
			ese	
			atrás	
			este lado, este lugar	
			este, esta...	
			ahí	
			ahí (respetuoso)	
			ese, esa...	

Posición (3)

Kanji	Furigana	Romaji	Español	✓
	そば	soba	a lado de	
	それ	sore	ese	
	となり	tonari	junto a	
	ひがし	higashi	este	
	～まえ	~mae	delante de	
	むこう	mukou	por ahí	
入口	いりぐち	iriguchi	entrada	

JLPT N5 VOCAB

Ejercicio 44 - Posición (3)

Kanji	Furigana	Romaji	Español	✓
			a lado de	
			ese	
			junto a	
			este	
			delante de	
			por ahí	
入口			entrada	

JLPT N5 VOCAB

El colegio

Kanji	Furigana	Romaji	Español	✓
	きょうしつ	kyoushitsu	aula	
	じゅぎょう	jugyou	clase (sesión)	
	しゅくだい	shukudai	los deberes	
	せいと	seito	estudiante	
先生	せんせい	sensei	profesor	
大学	だいがく	daigaku	universidad	
	べんきょう	benkyou	estudiar	
本	ほん	hon	libro	
	れんしゅう	renshuu	práctica	

Ejercicio 45 – El colegio

Kanji	Furigana	Romaji	Español	✓
			aula	
			clase	
			los deberes	
			estudiante	
先生			profesor	
大学			universidad	
			estudiar	
本			libro	
			práctica	

JLPT N5 VOCAB

El colegio (2)

Kanji	Furigana	Romaji	Español	✓
	えんぴつ	enpitsu	lápiz	
	おぼえる	oboeru	memorizar	
	かく	kaku	escribir	
	がっこう	gakkou	colegio	
	かばん	kaban	mochila	
	クラス	kurasu	clase	
	こたえる	kotaeru	responder	
	さくぶん	sakubun	composición	

JLPT N5 VOCAB

Ejercicio 46 – El colegio (2)

Kanji	Furigana	Romaji	Español	✓
			lápiz	
			memorizar	
			escribir	
			colegio	
			mochila	
			clase	
			responder	
			composición	

JLPT N5 VOCAB

El colegio (3)

Kanji	Furigana	Romaji	Español	✓
	テープ	teepu	cinta (adhesiva) casete	
	テープレコーダー	teepu rekoodaa	grabadora (de casete)	
	しる	shiru	saber	
	すわる	suwaru	sentarse	
	テスト	tesuto	examen	
	ならう	narau	aprender	
	ならぶ	narabu	hacer fila	

Ejercicio 47 – El colegio (3)

Kanji	Furigana	Romaji	Español	✓
			cinta (adhesiva) casete	
			grabadora (de casete)	
			saber	
			sentarse	
			examen	
			aprender	
			hacer fila	

El colegio (4)

Kanji	Furigana	Romaji	Español	✓
	ならべる	naraberu	hacer fila	
	ノート	nooto	cuaderno	
	ページ	peeji	página	
	ぺん	pen	bolígrafo	
	ボールペン	boorupen	bolígrafo punta redonda	
	まんねんひつ	mannenhitsu	estilográfica	
	よむ	yomu	leer	
	りゅうがくせい	ryuugakusei	estudiante extranjero	

Ejercicio 48 – El colegio (4)

Kanji	Furigana	Romaji	Español	✓
			hacer fila	
			cuaderno	
			página	
			bolígrafo	
			bolígrafo punta redonda	
			estilográfica	
			leer	
			estudiante extranjero	

Estaciones

Kanji	Furigana	Romaji	Español	✓
	あき	aki	otoño	
夏	なつ	natsu	verano	
	なつやすみ	natsuyasumi	vacaciones de verano	
	はる	haru	primavera	

Ejercicio 49 - Estaciones

Kanji	Furigana	Romaji	Español	✓
			otoño	
夏			verano	
			vacaciones de verano	
			primavera	

De compras

Kanji	Furigana	Romaji	Español	✓
	かいもの	kaimono	las compras	
	うる	uru	vender	
	かう	kau	comprar	
	かえす	kaesu	devolver un objeto	
	デパート	depaato	centro comercial	

Ejercicio 50 – Las compras

Kanji	Furigana	Romaji	Español	✓
			las compras	
			vender	
			comprar	
			devolver un objeto	
			centro comercial	

Temperatura

Kanji	Furigana	Romaji	Español	✓
温かい	あたたかい	atatakai	tibio, cálido	
暑い	あつい	atsui	caliente (aire)	
冷たい	つめたい	tsumetai	frío	

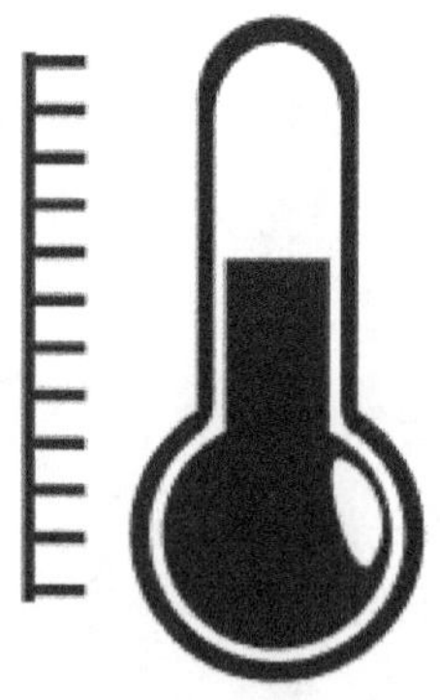

Ejercicio 51 – Temperatura

Kanji	Furigana	Romaji	Español	✓
温かい			tibio, cálido	
暑い			caliente (aire)	
冷たい			frío	

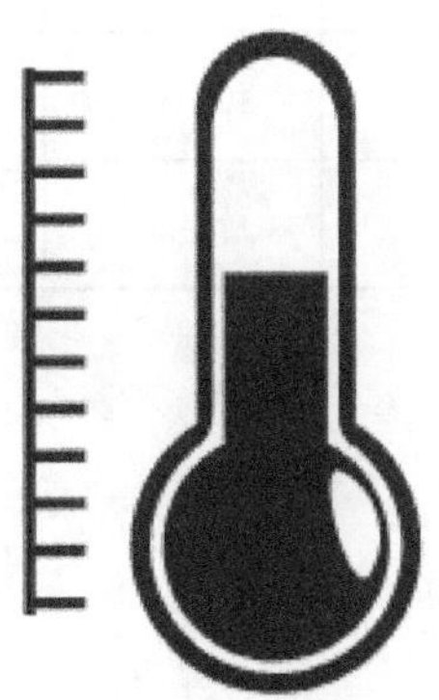

Tiempo

Kanji	Furigana	Romaji	Español	✓
古い	ふるい	furui	viejo	
	いつ	itsu	cuando	
	おわる	owaru	terminar	
	かかる	kakaru	tomar tiempo	
	ぐらい	gurai	alrededor de	
	～じ	~ji	en punto	
	～すぎ	~sugi	...pasados las ...	
	すぐに	sugu ni	de inmediato	
	ねる	neru	ir a dormir	

Ejercicio 52 - Tiempo

Kanji	Furigana	Romaji	Español	✓
古い			viejo	
			cuando	
			terminar	
			tomar tiempo	
			alrededor de	
			en punto	
			...pasados las ...	
			de inmediato	
	ねる	neru	ir a dormir	

Tiempo (2)

Kanji	Furigana	Romaji	Español	✓
後	あと	ato	más tarde, después	
今	いま	ima	ahora	
	おそい	osoi	tardío, lento	
	きょねん	kyonen	el año pasado	
	さき	saki	antes, anterior	
	じかん	jikan	tiempo	
	～じかん	~jikan	~ horas (clasificador)	
時計	とけい	tokei	reloj	
	はやい	hayai	temprano	
	それから	sorekara	posteriormente	
	もう	mou	ya, aún	

Ejercicio 53 - Tiempo (2)

Kanji	Furigana	Romaji	Español	✓
後			más tarde, después	
今			ahora	
			tardío, lento	
			el año pasado	
			antes, anterior	
			tiempo	
			~ horas (clasificador)	
時計			reloj	
			temprano	
			posteriormente	
			ya, aún	

 # JLPT N5 VOCAB

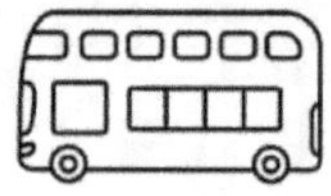

Viajar

Kanji	Furigana	Romaji	Español	✓
外国	がいこく	gaikoku	el extranjero	
	きっぷ	kippu	boleto, billete	
国	くに	kuni	país	
車	くるま	kuruma	coche, carro	
	じてんしゃ	jitensha	bicicleta	
	じどうしゃ	jidousha	coche, carro, vehículo	
	たいしかん	taishikan	embajada	
	ちかてつ	chikatetsu	el metro	
	ちず	chizu	mapa	
電車	でんしゃ	densha	tren	
	やすみ	yasumi	vacación	

 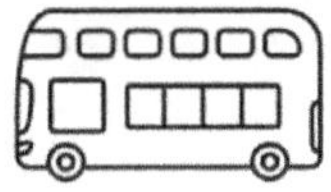

JLPT N5 VOCAB

Ejercicio 54 - Viajar

Kanji	Furigana	Romaji	Español	✓
外国			el extranjero	
			boleto, billete	
国			país	
車			coche, carro	
			bicicleta	
			coche, carro, vehículo	
			embajada	
			el metro	
			mapa	
電車			tren	
			vacación	

Viajar (2)

Kanji	Furigana	Romaji	Español	✓
	りょこう	ryokou	viajar	
	いく	iku	ir	
	おりる	oriru	bajarse de	
	しめる	shimeru	abrocharse el cinturón	
	～じん	~jin	~ano, ~ana (nacionalidad)	
	タクシー	takushii	taxi	
	にもつ	nimotsu	equipaje	
	のぼる	noboru	escalar	
	のる	noru	tomar (un medio de transporte)	
	バス	basu	autobús	
	ひこうき	hikouki	avión	

Ejercicio 55 - Viajar (2)

Kanji	Furigana	Romaji	Español	✓
			viajar	
			ir	
			bajarse de	
			abrocharse el cinturón	
			~ano, ~ana (nacionalidad)	
			taxi	
			equipaje	
			escalar	
			tomar (un medio de transporte)	
			autobús	
			avión	

JLPT N5 VOCAB

El clima

Kanji	Furigana	Romaji	Español	✓
雨	あめ	ame	lluvia	
	かぜ	kaze	viento	
天気	てんき	tenki	el clima	
	かさ	kasa	paraguas	
	くもり	kumori	nublado	
	さす	sasu	abrir un paraguas	
	ふく	fuku	soplar (viento)	
	ふる	furu	caer (Lluvia, nieve)	

Ejercicio 56 – El clima

Kanji	Furigana	Romaji	Español	✓
雨			lluvia	
			viento	
天気			el clima	
			paraguas	
			nublado	
			abrir un paraguas	
			soplar (viento)	
			caer (Lluvia, nieve)	

Semana

Kanji	Furigana	Romaji	Español	✓
	こんしゅう	konshuu	esta semana	
	〜しゅうかん	~shuukan	... semanas	
	せんしゅう	senshuu	la semana pasada	
	まいしゅう	maishuu	cada semana	
	らいしゅう	raishuu	la próxima semana	

Ejercicio 57 - Semana

Kanji	Furigana	Romaji	Español	✓
			esta semana	
			... semanas	
			la semana pasada	
			cada semana	
			la próxima semana	

Año

Kanji	Furigana	Romaji	Español	✓
今年	ことし	kotoshi	este año	
	おととし	ototoshi	el año antepasado	
	さらいねん	sarainen	el año después del próximo	
	～ねん	~nen	~ años	
	まいとし/ まいねん	maitoshi/ mainen	cada año	
	らいねん	rainen	el año próximo	

Ejercicio 58 - Año

Kanji	Furigana	Romaji	Español	✓
今年			este año	
			el año antepasado	
			el año después del próximo	
			~ años	
			cada año	
			el año próximo	

JLPT N5 VOCAB

SECCIÓN 2
N5 VOCABULARIO

Adjetivos い

JLPT N5 VOCAB

Adjetivos (1-10)

Furigana	Romaji	Español	✓
あおい	aoi	azul	
あかい	akai	rojo	
あかるい	akarui	claro	
あたたかい	atatakai	tibio	
あたらしい	atarashii	nuevo	
あつい	atsui	grueso	
あつい	atsui	caliente (aire)	
あぶない	abunai	peligroso	
あまい	amai	dulce	
いい / よい	ii, yoi	bueno	

JLPT N5 VOCAB

Ejercicio 59 - Adjetivos (1-10)

Furigana	Romaji	Español	✓
		azul	
		rojo	
		claro	
		tibio	
		nuevo	
		grueso	
		caliente (aire)	
		peligroso	
		dulce	
		bueno	

JLPT N5 VOCAB

Adjetivos (11-20)

Hurigana	Romaji	Español	✓
いそがしい	isogashii	estar ocupado	
いたい	itai	doloroso	
うすい	Usui	delgado	
おいしい	oishii	delicioso	
おおきい	ookii	grande	
おそい	osoi	tarde, lento	
おもい	omoi	pesado	
おもしろい	omoshiroi	interesante, gracioso	
からい	karai	picante	
かるい	karui	ligero	

JLPT N5 VOCAB

Ejercicio 60 - Adjetivos (11-20)

Hurigana	Romaji	Español	✓
		estar ocupado	
		doloroso	
		delgado	
		delicioso	
		grande	
		tarde, lento	
		pesado	
		interesante, gracioso	
		picante	
		ligero	

JLPT N5 VOCAB

Adjetivos (21-30)

Furigana	Romaji	Español	✓
きいろい	kiiroi	amarillo	
きたない	kitanai	sucio	
きらい	kirai	desagradable	
きれい	kirei	hermoso, limpio	
くもり	kumori	nublado	
くらい	Kurai	oscuro	
けっこう	kekkou	bien	
さむい	samui	frío	
せまい	semai	estrecho	

JLPT N5 VOCAB

Ejercicio 61 - Adjetivos (21-30)

Furigana	Romaji	Español	✓
		amarillo	
		sucio	
		desagradable	
		hermoso, limpio	
		nublado	
		oscuro	
		bien	
		frío	
		estrecho	

Adjetivos (31-40)

Furigana	Romaji	Español	✓
せまい	semai	estrecho	
たかい	takai	alto, caro	
たのしい	tanoshii	agradable	
ちいさい	chiisai	pequeño	
ちかい	chikai	cercano	
ちゃいろ	chairo	marrón	
つまらない	tsumaranai	aburrido	
つめたい	tsumetai	frío	

Ejercicio 62 - Adjetivos (31-40)

Furigana	Romaji	Español	✓
		estrecho	
		alto, caro	
		agradable	
		pequeño	
		cercano	
		marrón	
		aburrido	
		frío	

Adjetivos (41-50)

Furigana	Romaji	Español	✓
つよい	tsuyoi	fuerte	
とおい	tooi	lejano	
ながい	nagai	largo	
はやい	hayai	rápido	
はやい	hayai	temprano	
ひくい	hikui	bajo	
ひろい	hiroi	ancho, espacioso	
ふとい	futoi	grueso, gordo	
ふるい	furui	viejo	
ほしい	hoshii	querer algo	

Ejercicio 63 - Adjectivos (41-50)

Furigana	Romaji	Español	✓
		fuerte	
		lejano	
		largo	
		rápido	
		temprano	
		bajo	
		ancho, espacioso	
		grueso, gordo	
		viejo	
		querer algo	

Adjetivos (51 – 59)

Furigana	Romaji	Español	✓
ほそい	hosoi	delgado, fino	
まずい	mazui	de mal sabor	
まるい	marui	redondo	
みじかい	mijikai	corto	
むずかしい	muzukashii	difícil	
やさしい	yasashii	gentil	
やすい	yasui	barato	
わかい	wakai	joven	
わるい	warui	malo	

Ejercicio 64 – Adjetivos (51 – 59)

Furigana	Romaji	Español	✓
		delgado, fino	
		de mal sabor	
		redondo	
		corto	
		difícil	
		gentil	
		barato	
		joven	
		malo	

SECCIÓN 3

N5 VOCABULARIO

Adjetivos な

JLPT N5 VOCAB

な adjetivos (1 -10)

Hiragana	Romaji	Español	✓
すき	Suki	gustar, amar	
けっこう	Kekkou	maravilloso, gracias	
ゆうめい	Yuumei	famoso	
きれい	Kirei	bonito, hermoso	
ていねい	teinei	educado	
きらい	kirai	detestar	
しずか	shizuka	callado	
ひま	hima	libre	
にぎやか	nigiyaka	animado	
べんり	benri	conveniente	

Ejercicio 65

な adjetivos N5 (1 -10)

Hiragana	Romaji	Español	✓
すき	Suki		
けっこう	Kekkou		
ゆうめい	Yuumei		
きれい	Kirei		
ていねい	teinei		
きらい	kirai		
しずか	shizuka		
ひま	hima		
にぎやか	nigiyaka		
べんり	benri		

な adjectivos N5 (2 -20)

Hiragana	Romaji	Español	✓
げんき	genki	vivaz, enérgico	
いろいろ	iroiro	varios	
だいじょうぶ	daijoubu	bien	
じょうぶ	Joubu	saludable	
たいへん	Taihen	terrible, difícil	
らく	Raku	cómodo, fácil	
いや	Iya	desagradable	
たいせつ	Taisetsu	importante	
じょうず	jyouzu	bueno, hábil	
へた	heta	malo, inexperto	

Ejercicio 66

な adjetivos N5 (2 -20)

Hiragana	Romaji	Español	✓
げんき	genki		
いろいろ	iroiro		
だいじょうぶ	daijoubu		
じょうぶ	Joubu		
たいへん	Taihen		
らく	Raku		
いや	Iya		
たいせつ	Taisetsu		
じょうず	jyouzu		
へた	heta		

な adjetivos N5 (21 -30)

Hiragana	Romaji	Español	✓
いっしょうけんめい	isshoukenmei	tanto como sea posible	
きけん	kiken	peligroso	
ざんねん	zannen	lamentable, decepcionante	
しんぱい	shinpai	cuidado, preocupación	
じゆう	jiyuu	libre, incontrolado	
じゅうぶん	jyuubun	suficiente	
だいすき	daisuki	apasionado, amar	
てきとう	tekitou	apropiado,	
とくべつ	Tokubetsu	especial	
ねっしん	nesshin	ansioso	

JLPT N5 VOCAB

Ejercicio 67

な adjetivos N5 (21 -30)

Hiragana	Romaji	Español	✓
いっしょうけんめい	isshoukenmei		
きけん	kiken		
ざんねん	zannen		
しんぱい	shinpai		
じゆう	jiyuu		
じゅうぶん	jyuubun		
だいすき	daisuki		
てきとう	tekitou		
とくべつ	Tokubetsu		
ねっしん	nesshin		

JLPT N5 VOCAB

な adjetivos N5 (31 -36)

Hiragana	Romaji	Español	✓
ひつよう	Hitsuyou	necesario	
まじめ	majime	serio	
まっすぐ	massugu	derecho	
むり	muri	irrazonable	
りっぱ	Rippa	excelente, espléndido	
びょうき	byouki	enfermo	

JLPT N5 VOCAB

Ejercicio 68

な adjetivos N5 (31 -36)

Hiragana	Romaji	Español	✓
ひつよう	Hitsuyou		
まじめ	majime		
まっすぐ	massugu		
むり	muri		
りっぱ	Rippa		
びょうき	byouki		

JLPT N5 VOCAB

SECCIÓN 3
N5 VOCABULARIO
Verbos

N5 Verbos (1 -10)

Furigana	Romaji	Español	✓
はじめ	hajime	comenzar, el principio	
きえる	kieru	salir,	
きく	kiku	oír, escuchar, preguntar	
ある	aru	poseer	-
あびる	abiru	tomar una ducha	
あらう	arau	lavar	-
そうじ	souji	limpiar	
はれる	hareru	despejar	
みがく	migaku	pulir, cepillar	
かける	kakeru	llevar (ropa)	

Ejercicio 69

N5 Verbos (1 -10)

Furigana	Romaji	Español	✓
はじめ	hajime		
きえる	kieru		
きく	kiku		
ある	aru		-
あびる	abiru		
		lavar	-
		limpiar	
		despejar	
		pulir, cepillar	
		llevar (ropa)	

JLPT N5 VOCAB

N5 Verbos (11 -20)

Furigana	Romaji	Español	✓
かぶる	kaburu	ponerse un sombrero	
きる	kiru	llevar, ponerse (ropa)	
ぬぐ	nugu	quitarse (ropa)	
はく	haku	ponerse los zapatos	
のむ	nomu	beber	
しぬ	shinu	morir	
たべる	taberu	comer	
かえる	kaeru	regresar a casa	
すむ	sumu	vivir, residir en un lugar	
ある	aru	ser, existir	

Ejercicio 70

N5 Verbos (11 -20)

Furigana	Romaji	Español	✓
かぶる	kaburu		
きる	kiru		
ぬぐ	nugu		
はく	haku		
のむ	nomu		-
		morir	
		comer	
		regresar a casa	
		vivir, residir en un lugar	
		ser, existir	

N5 Verbos (21 -30)

Furigana	Romaji	Español	✓
はなす	hanasu	hablar, platicar	
あそぶ	asobu	jugar	
あるく	aruku	caminar	
うたう	utau	cantar	
およぐ	oyogu	nadar	
とる	toru	tomar una foto	
なく	naku	cantar	
ひく	hiku	tocar (un instrumento)	
みせる	miseru	mirar	
みる	miru	ver	

Ejercicio 71
N5 Verbos (21 -30)

Furigana	Romaji	Español	✓
はなす	hanasu		
あそぶ	asobu		
あるく	aruku		
うたう	utau		
およぐ	oyogu		
		tomar una foto	
		cantar	
		tocar (un instrumento)	
		mirar	
		ver	

JLPT N5 VOCAB

N5 Verbos (31 -40)

Furigana	Romaji	Español	✓
やすむ	yasumu	descansar	
くる	kuru	venir	
さく	saku	florecer	
かける	kakeru	llamar por teléfono	
はたらく	hataraku	trabajar	
つとめる	tsutomeru	trabajar para alguien	
うまれる	umareru	nacer	
なる	naru	convertirse	
べんきょう	benkyou	estudiar	
おぼえる	oboeru	memorizar	

JLPT N5 VOCAB

Ejercicio 72
N5 Verbos (31 -40)

Furigana	Romaji	Español	✓
やすむ	yasumu		
くる	kuru		
さく	saku		
かける	kakeru		
はたらく	hataraku		
		trabajar para alguien	
		nacer	
		convertirse	
		estudiar	
		memorizar	

JLPT N5 VOCAB

N5 Verbos (41 -50)

Furigana	Romaji	Español	✓
かく	kaku	escribir	
こたえる	kotaeru	responder	
しる	shiru	saber	
すわる	suwaru	sentarse	
ならう	narau	aprender	
ならぶ	narabu	hacer fila	
ならべる	naraberu	alinear	
よむ	yomu	leer	
うる	uru	vender	

Ejercicio 73

N5 Verbos (41 -50)

Furigana	Romaji	Español	✓
かく	kaku		
こたえる	kotaeru		
しる	shiru		
すわる	suwaru		
ならう	narau		
		hacer fila	
		alinear	
		leer	
		vender	

JLPT N5 VOCAB

N5 Verbos (51 -60)

Furigana	Romaji	Español	✓
かう	kau	comprar	
かえす	kaesu	devolver un objeto	
はしる	hashiru	correr	
やる	yaru	hacer	
おわる	owaru	terminar	
かかる	kakaru	tomar tiempo	
ねる	neru	ir a dormir	
いく	iku	ir	
おりる	oriru	salir	
しめる	shimeru	abrocharse el cinturón	

Ejercicio 74

N5 Verbos (51 -60)

Furigana	Romaji	Español	✓
かう	kau		-
かえす	kaesu		
はしる	hashiru		
やる	yaru		
おわる	owaru		
		tomar tiempo	
		ir a dormir	
		ir	
		salir	
		abrocharse el cinturón	

N5 Verbos (61 -70)

Furigana	Romaji	Español	✓
のぼる	noboru	escalar	-
のる	noru	tomar (un medio de transporte)	
さす	sasu	abrir un paraguas	
ふく	fuku	soplar (viento)	
ふる	furu	caer (lluvia, nieve)	
かす	kasu	prestar	-
かりる	kariru	pedir prestado	
あう	au	conocer, encontrarse	
あく	aku	abierto	
あける	akeru	abrir	

Ejercicio 75
N5 Verbos (61 -70)

Furigana	Romaji	Español	✓
のぼる	noboru		-
のる	noru		
さす	sasu		
ふく	fuku		
ふる	furu		
		prestar	-
		pedir prestado	
		conocer, encontrarse	.
		abierto	
		abrir	

JLPT N5 VOCAB

N5 Verbos (71 -80)

Furigana	Romaji	Español	✓
あげる	ageru	dar	
いう	iu	decir	
いる	iru	necesitar	
いる	iru	existir	
いれる	ireru	inserter, meter	
おきる	okiru	levantarse	
おく	oku	poner	
おくる	okuru	enviar	
おす	osu	empujar	
きる	kiru	cortar	

Ejercicio 76
N5 Verbos (71 -80)

Furigana	Romaji	Español	✓
あげる	ageru		
いう	iu		
いる	iru		
いる	iru		
いれる	ireru		
		levantarse	
		poner	
		enviar	
		empujar	
		cortar	

N5 Verbos (81 -90)

Furigana	Romaji	Español	✓
けす	kesu	apagar	
こまる	komaru	tener problemas	
しまる	shimaru	cerrar	
しめる	shimeru	cerrar	
すう	suu	respirar, fumar	
する	suru	hacer	
だす	dasu	sacar, dar	
たつ	tatsu	ponerse de pie	
たのむ	tanomu	pedir, solicitar	
ちがう	chigau	diferente	

Ejercicio 77
N5 Verbos (81 -90)

Furigana	Romaji	Español	✓
けす	kesu		
こまる	komaru		
しまる	shimaru		
しめる	shimeru		
すう	suu		
		hacer	
		sacar, dar	
		ponerse de pie	
		pedir, solicitar	
		diferente	

N5 Verbos (91 -100)

Furigana	Romaji	Español	✓
つかう	tsukau	usar	
つかれる	tsukareru	cansarse	
つく	tsuku	llegar	
つくる	tsukuru	hacer, producir	
つける	tsukeru	encender	-
でかける	dekakeru	salir	
できる	dekiru	poder	
でます	demasu	dejar	
とぶ	tobu	volar	
とまる	tomaru	detener	

Ejercicio 78
N5 Verbos (91 -100)

Furigana	Romaji	Español	✓
つかう	tsukau		
つかれる	tsukareru		
つく	tsuku		
つくる	tsukuru		
つける	tsukeru		
		salir	
		poder	
		dejar	
		volar	
		detener	

JLPT N5 VOCAB

N5 Verbos (101 - 112)

Furigana	Romaji	Español	✓
はいる	~~hairu~~	entrar	
はじまる	hajimaru	empezar	
はる	haru	poner, pegar (con adhesivo)	
ひく	hiku	tirar, jalar	
まがる	magaru	girar	
まつ	matsu	esperar	
もつ	motsu	tener, poseer	
よぶ	yobu	llamar	
わかる	wakaru	saber, entender	
わすれる	wasureru	olvidar	
わたす	watasu	entregar, ceder	
わたる	wataru	cruzar	

JLPT N5 VOCAB

Ejercicio 79

N5 Verbos (101 - 112)

Furigana	Romaji	Español	✓
はいる	~~hairu~~		
はじまる	hajimaru		
はる	haru		
ひく	hiku		
まがる	magaru		
まつ	matsu		
		tener, poseer	
		llamar	
		saber, entender	
		olvidar	
		entregar, ceder	
		cruzar	

JLPT N5 VOCAB

SECCIÓN 3
N5 VOCABULARIO
KANJI

N5 Kanji (1 – 10)

Kanji	Onyomi	Kunyomi	Español	✓
安	AN	yasu(i)	paz, barato, seguridad	
一	ICHI, ITSU	hito(tsu), hito-	uno	
飲	IN	no(mu)	beber	
右	U, YUU	migi	derecho	
雨	U	ame	lluvia	
駅	EKI	–	estación	
円	EN	maru(i)	círculo, Yen, redondo	
火	KA	hi	fuego	
花	KA	hana	flor, florecer	
下	KA, GE	shimo, sa(geru),	abajo	

JLPT N5 VOCAB

Ejercicio 80

N5 Kanji (1 – 10)

Kanji	Onyomi	Kunyomi	Español	✓
安				
一				
飲				
右				
雨				
駅				
円				
火				
花				
下				

N5 Kanji (11 – 20)

Kanji	Onyomi	Kunyomi	Español	✓
何	KA	Nani	qué, cuántos, cuál	
会	KAI, E	a(u)	conocer, reunirse, sociedad	
外	GAI, GE	soto, hoka, hazu(reru),	afuera, otro, desconectar	
学	GAKU	mana(bu)	colegio, aprender	
間	KAN, KEN	aida	tiempo	
気	KI, KE	–	alma, espíritu	
九	KYUU, KU	kokono(tsu), kokono-	nueve	
休	KYUU	yasu(mu)	descansar	
魚	GYO	sakana, uo	pescado	
金	KIN, KON	kane	oro, metal, dinero	

Ejercicio 81

N5 Kanji (11 - 20)

Kanji	Onyomi	Kunyomi	Español	✓
何				
会				
外				
学				
間				
気				
九				
休				
魚				
金				

JLPT N5 VOCAB

N5 Kanji (21 - 30)

Kanji	Onyomi	Kunyomi	Español	✓
空	KUU	sora, a(keru),	cielo, vacío	
月	GETSU, GATSU	tsuki	mes, luna	
見	KEN	mi(ru), mi(eru),	ver, ser visible	
言	GEN, GON	i(u)	palabra, platicar	
古	KO	furu(i)	viejo, usado	
五	GO	itsu(tsu), itsu-	cinco	
後	GO, KOU	ato, oku(reru),	después, más tarde, trasero	
午	GO	–	medio día	
語	GO	kata(ru), kata(rau)	palabra, platicar	
校	KOU	–	colegio	

JLPT N5 VOCAB

Ejercicio 82

N5 Kanji (21 – 30)

Kanji	Onyomi	Kunyomi	Español	✓
空				
月				
見				
言				
古				
五				
後				
午				
語				
校				

JLPT N5 VOCAB

N5 Kanji (31 – 40)

Kanji	Onyomi	Kunyomi	Español	✓
口	KOU, KU	kuchi	boca	
行	KOU	i(ku), yu(ku), okona(u)	caminar, ir, hacer, llevar a cabo	
高	KOU	taka(i), taka(maru),	alto, caro	
国	KOKU	kuni	país	
今	KON, KIN	ima	ahora	
左	SA	hidari	izquierda	
三	SAN	mit(tsu), mi-	tres	
山	SAN	yama	montaña	
四	SHI	yo(ttsu), yu(tsu), yo-	cuatro	
子	SHI, SU	ko	niño	

Ejercicio 83

N5 Kanji (31 – 40)

Kanji	Onyomi	Kunyomi	Español	✓
口				
行				
高				
国				
今				
左				
三				
山				
四				
子				

N5 Kanji (41 – 50)

Kanji	Onyomi	Kunyomi	Español	✓
耳	JI	mimi	oído	
時	JI	toki	tiempo, hora	
七	SHICHI	nana(tsu), nana-, nano-	siete	
車	SHA	kuruma	coche, rueda	
社	SHA	yashiro	santuario shinto, sociedad	
手	SHU	te	mano	
週	SHUU	–	semana	
十	JUU, JI	too, to-	diez, cruzar	
出	SHUTSU	da(su), de(ru)	dejar, salirse	
書	SHO	ka(ku)	escribir	

Ejercicio 84

N5 Kanji (41 – 50)

Kanji	Onyomi	Kunyomi	Español	✓
耳				
時				
七				
車				
社				
手				
週				
十				
出				
書				

N5 Kanji (51 – 60)

Kanji	Onyomi	Kunyomi	Español	✓
女	JO, NYO	onna, me	mujer, femenino	
小	SHOU	chii(sai), ko-, o-	pequeño	
少	SHOU	suko(shi), suku(nai)	un poco	
上	SHOU, JOU	ue, kami, a(geru),	arriba	
食	SHOKU	ta(beru), ku(ru),	comer	
新	SHIN	atara(shii), ara(ta), nii-	nuevo	
人	JIN, NIN	hito	persona	
水	SUI	mizu	agua	
生	SEI, SHOU	i(kiru), u(mu),	vivir, crecer	
西	SEI, SAI	nishi	oeste	

Ejercicio 85

N5 Kanji (51 – 60)

Kanji	Onyomi	Kunyomi	Español	✓
女				
小				
少				
上				
食				
新				
人				
水				
生				
西				

N5 Kanji (61 – 70)

Kanji	Onyomi	Kunyomi	Español	✓
川	SEN	kawa	río	
千	SEN	chi	mil	
先	SEN	saki	antes, en el futuro	
前	ZEN	mae	antes	
足	SOKU	ashi, ta(su)	pie, agregar	
多	TA	oo(i)	muchos	
大	DAI, TAI	ou(kii), oo(i)	grande, mucho	
男	DAN, NAN	otoko	hombre, masculino	
中	CHUU	naka	dentro, en el centro, entre	
長	CHOU	naga(i)	largo, líder	

Ejercicio 86

N5 Kanji (61 – 70)

Kanji	Onyomi	Kunyomi	Español	✓
川				
千				
先				
前				
足				
多				
大				
男				
中				
長				

N5 Kanji (71 – 80)

Kanji	Onyomi	Kunyomi	Español	✓
天	TEN	ame, ama	cielo	
店	TEN	mise	tienda	
電	DEN	–	electricidad	
土	DO, TO	tsuchi	tierra, suelo	
東	TOU	higashi	este	
道	DOU	michi	calle, camino	
読	DOKU	yo(mu)	leer	
南	NAN	minami	sur	
二	NI	futa(tsu), futa-	dos	
日	NICHI, JITSU	hi, -ka	día, sol	

JLPT N5 VOCAB

Ejercicio 87

N5 Kanji (71 – 80)

Kanji	Onyomi	Kunyomi	Español	✓
天				
店				
電				
土				
東				
道				
読				
南				
二				
日				

Kanji N5 (81 – 90)

Kanji	Onyomi	Kunyomi	Español	✓
入	NYUU	hai(ru), i(ru), i(reru)	entrar, insertar	
年	NEN	toshi	año	
買	BAI	ka(u)	comprar	
白	HAKU, BYAKU	shiro(i), shiro	blanco	
八	HACHI	yat(tsu), ya(tsu), ya-, you-	ocho	
半	HAN	naka(ba)	mitad, medio, semi-	
百	HYAKU	–	cien	
父	FU	chichi	padre	
分	BUN, BU, FUN	wa(keru), wa(karu)	parte, minuto, entender	
聞	BUN, MON	ki(ku), ki(koeru)	oír, escuchar, preguntar	

Ejercicio 88

Kanji N5 (81 – 90)

Kanji	Onyomi	Kunyomi	Español	✓
入				
年				
買				
白				
八				
半				
百				
父				
分				
聞				

JLPT N5 VOCAB

N5 Kanji (91 – 102)

Kanji	Onyomi	Kunyomi	Español	✓
母	BO	haha	madre	
北	HOKU	kita	norte	
木	BOKU, MOKU	ki, ko	árbol, madera	
本	HON	moto	libro, fuente, principal	
毎	MAI	–	cada, todos los --	
万	MAN, BAN	–	diez mil, todos, muchos	
名	MEI, MYOU	na	nombre, reputación	
目	MOKU	me	ojo	
友	YUU	tomo	amigo	
来	RAI	ku(ru), kita(ru), kita(su)	venir	
立	RITSU	ta(tsu), ta(teru)	ponerse de pie, establecer	
話	WA	hanashi, hana(su)	historia	

Ejercicio 89

N5 Kanji (91 – 102)

Kanji	Onyomi	Kunyomi	Español	✓
母				
北				
木				
本				
毎				
万				
名				
目				
友				
来				
立				
話				

JLPT N5 VOCAB

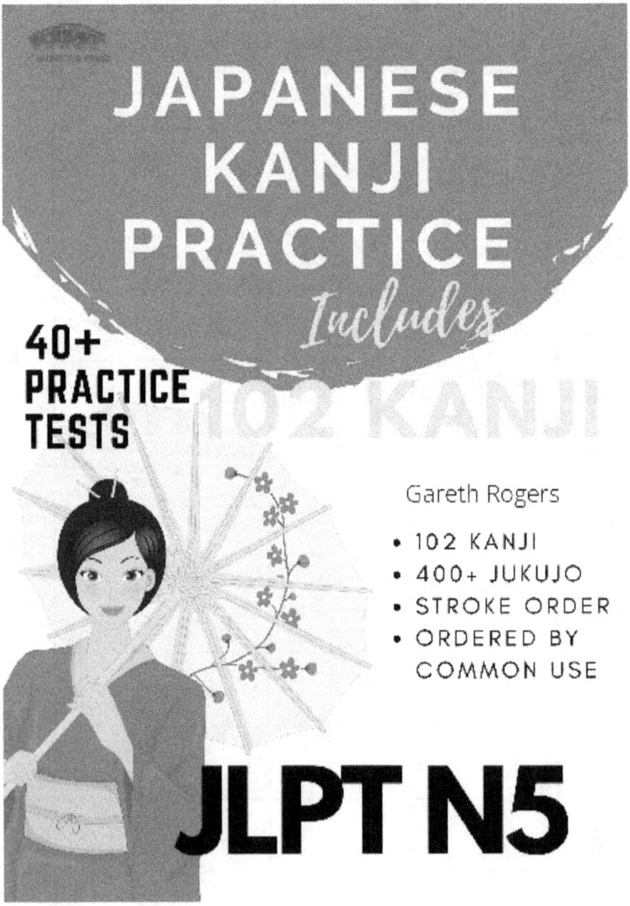
JAPANESE
KANJI
PRACTICE
Includes
102 KANJI
40+
PRACTICE
TESTS
Gareth Rogers
• 102 KANJI
• 400+ JUKUJO
• STROKE ORDER
• ORDERED BY COMMON USE
JLPT N5

www.ingramcontent.com/pod-product-compliance
Lightning Source LLC
Chambersburg PA
CBHW051103050726
47592CB00002B/656